AF360656

Pierre PARIS

L'ESPAGNE ET LA GUERRE

KULTUR ET CIVILISATION

EXTRAIT DU *BULLETIN HISPANIQUE*

Tome XVIII, 1916, n° 1.

Bordeaux :

FERET & FILS, ÉDITEURS, 9, RUE DE GRASSI

Lyon : Henri GEORG, 36-42, passage de l'Hôtel-Dieu
Marseille : Paul RUAT, 54, rue Paradis | **Montpellier :** C. COULET, 5, Grand'Rue
Toulouse : Édouard PRIVAT, 14, rue des Arts
Madrid : MURILLO, Alcalá, 7

Paris :

FONTEMOING & Cie, 4, rue Le Goff
Alphonse PICARD & FILS, 82, rue Bonaparte

1916

L'ESPAGNE ET LA GUERRE

KULTUR ET CIVILISATION

I

Après plus d'un an de guerre, où le rôle des neutres a été méticuleusement examiné, étudié, jugé par les publicistes de tout genre, où les sentiments des hommes d'État, des diplomates, des politiques et politiciens, des journalistes, des partis et des individus qui comptent, leur attachement à l'un ou l'autre groupe d'alliés, ont été abondamment exposés et pesés avec soin; après plus d'un an de propagande acharnée et, du côté de nos ennemis et de leurs partisans sans scrupule, il n'est pas nécessaire d'être très particulièrement informé pour apprécier l'opinion de tel ou tel pays resté jusqu'ici en dehors de la conflagration européenne.

En ce qui concerne l'Espagne, la situation est très nette, et elle a été maintes fois exposée en France et en Espagne. Nul n'ignore que si le roi Alphonse, et, cela va de soi, la reine Victoria, sont absolument attachés à notre cause et n'en font pas mystère, il n'en est pas de même de tout leur entourage. Le ministère qui peut-être, au fond, a eu et a encore des sympathies pour les alliés, fait tous ses efforts pour s'enfermer dans une neutralité qui trop souvent a cessé d'être bienveillante et cela dans l'espoir fallacieux et dangereux d'on ne sait quelle médiation chimérique, non sans honneur... et sans profit [1].

Quoi qu'il en soit, la propagande des alliés, pourtant si discrète, s'est plus d'une fois heurtée — nous en parlons savamment — à d'inexplicables obstacles officiels, tandis que tels actes de nos ennemis (songeons au ravitaillement des pirates sous-marins en Atlantique et en Méditerranée) s'accomplissaient et s'accomplissent encore avec une singulière aisance. D'autre part, on sait qu'à part de très rares et très honorables exceptions, tout le clergé, inféodé aux jaimistes, et tous ceux que le clergé aveugle mène aveuglément, toute l'armée, presque toute la noblesse, une partie de la presse, et aussi quelques intellectuels égarés, sans parler des snobs de tous les partis, sont germanophiles

1. Ces lignes étaient écrites sous le ministère Dato. Mais l'avènement des libéraux a-t-il vraiment changé les choses?

militants. On a dit et redit les raisons, parfois bien extraordinaires, ou l'absence de raisons de cette attitude qui afflige les vrais amis de l'Espagne, quand elle ne les irrite pas, et notre dessein n'est pas de chercher à notre tour les causes d'une situation qui, sous plus d'un aspect, est surtout comique. Mais nous voudrions faire connaître des documents qui jettent un jour curieux sur l'état d'âme de quelques germanophiles enragés, et montrent, sur un pays naturellement généreux et chevaleresque, les beaux effets de la Kultur et de la propagande des Allemands.

Les alliés, d'abord armés de patience et de longanimité, ont cru enfin nécessaire, au mois de novembre 1914 seulement, de répondre aux mensonges éhontés de l'Agence Wolf et du consul allemand de Barcelone, — qui restera légendaire, — aux élucubrations reptiliennes d'un horloger diffamateur, aux attaques violentes et sans vergogne de certains journaux vendus, dont la rapide fortune n'était un mystère pour personne. Un Comité international prit donc l'initiative de publier périodiquement une série de petits bulletins où, dans une forme concise, toujours modérée, à la française, seraient insérés et sobrement commentés les documents diplomatiques, militaires, politiques, de nature à faire connaître les faits et les écrits, les discours que les Impériaux ignorent, déforment ou falsifient systématiquement, à rétablir la vérité en face du mensonge, à répandre la connaissance précise des atrocités, crimes et sacrilèges allemands, bref, à défendre la justice, le droit, la raison, l'humanité, contre l'iniquité et le parjure, contre la force immorale, en un mot, contre la barbarie masquée sous la Kultur.

Ceux qui plus tard écriront l'histoire de la guerre, en Espagne, compareront les *Documentos e Informes* du Comité international de propagande avec les feuilles adverses, et jugeront quelle des deux campagnes fut menée, nous ne dirons pas avec plus de violence et d'adresse, mais avec plus de tact, de goût, de sang-froid, enfin de sagesse et de force convaincante.

Il est difficile de dire si les résultats ont répondu aux efforts du Comité, ni dans quelle mesure. Nous estimons assurément que les grandes et nobles idées, que la vérité ont un accent auquel les cœurs et les esprits sincères ne résistent pas, qui touche souvent même les plus sceptiques et les plus passionnés, et partant nous ne pouvons croire que nos efforts aient été stériles. Mais, comme nous nous y attendions, notre campagne a eu le don d'irriter nombre de gens qui n'ont pu s'empêcher de le dire ou de le faire sentir. Et voici, pour la gloire de ces nobles adorateurs du Kaiser et de ses dignes sujets, toute une gerbe de fleurs hispano-germaines, qu'il serait fâcheux de laisser sécher dans nos cartons.

Les moins passionnés, peut-être les plus naïvement obstinés, se contentent de renvoyer les brochures, si différentes de celles qui les charment, sans les lire ou après les avoir lues, peu importe, ayant bien soin d'ailleurs de dissimuler la ville ou le village où ces documents honnêtes sont venus les troubler dans la digestion de leur poison germanique. Parfois, un geste plus ou moins rageur a déchiré en deux, en quatre, en huit ou cent morceaux la brochure dont chaque ligne dévoile les parjures, les trahisons, les cruautés teutones.

Très souvent, une simple phrase, brutalement jetée sur l'enveloppe de retour ou en travers du texte : « Je ne veux pas recevoir, *No quiero recibir*, » ou : « Je vous prie de vous abstenir de m'envoyer ces publications. » C'est la formule la plus polie qu'affectionnent les anonymes impatientés. D'autres, plus nombreux, non moins anonymes, se croient ironiques sans doute quand ils écrivent en bon français : « Ne vous dérangez plus, s. v. p., » ou en bon castillan : « *Dejenme en paz !* Laissez-moi en paix! » Ces amoureux de la paix sont-ils des indifférents? Non certes; ce sont des aveugles contents de leur mal, qui ont peur d'une subite lumière. Ils ne sont pas toujours des illettrés ou des sots, perdus au fond de villages obscurs ; quelques-uns habitent de grandes villes, fréquentent des casinos où les livres et les journaux ne manquent pas ; parmi eux se distinguent quelques ingénieurs, dignes confrères de celui qui écrivait au Comité de propagande : « Inutile de m'envoyer vos brochures; mon siège est fait; je ne veux pas les lire. » Cet aveu, du moins, est signé ; mais puisqu'il a signé, épargnons à ce germanophile de lui faire personnellement honte d'un si triste et stupide aveu de cécité volontaire et obstinée, et laissons-le confondu avec l'anonyme qui nous affirme que nous battons du fer froid : « *Machacais hierro frio.* »

Puis vient la gamme des exclamations ridicules, qui, à défaut d'arguments, salissent en tous sens une ou plusieurs pages, ou toutes les pages des *Documentos*. « *Falso!* » trace celui-ci d'une main rapide et sûre, et cette affirmation suffit à sa facile conscience. « *Mentira !* » disent beaucoup d'autres. Celui-ci ajoute : « *Viva Alemania!* » La formule lui plaît ; car il la répète. comme un *Tarte à la crème*, à quelques jours de date, sur une seconde brochure. Celui-là, un habitant de Barbastro, qui a du temps à perdre, imprime en grosses lettres, sur chacune des trente-deux pages d'un bulletin (ce bulletin a pour titre : *Violations des règles du droit des gens et des lois et coutumes de la guerre par les troupes allemandes en Belgique*), le mot *mentira* flanqué à droite et à gauche d'une main au doigt tendu : toute une œuvre d'art, un peu monotone. Passons sur le cas de ceux qui nous écrivent : « Aujourd'hui je vous renvoie ces feuilles. Une autre fois je les mettrai... au feu » (admirez la belle suspension!) [1], ou bien : « Sans lire dorénavant de telles

----

1. « *Hoy devuelvo estos. Otro dia los meto... en el fuego.* »

informations, je les brûlerai[1]. » Celui-ci, du moins, a donné son nom et son adresse : c'est un notable commerçant aragonais. Il est plus honnête que l'anonyme, d'ailleurs fort spirituel, qui menace de mettre les brochures au cabinet; — ce n'est pas le cabinet du sonnet d'Oronte.

Et nous passons aux injures. La moisson serait plus abondante si nous ne faisions grâce au lecteur des obscénités, mots ou dessins, dont les auteurs s'inspirent sans honte aux meilleures sources de la Kultur qu'ils adorent. Souvent, les insultes sont simplement niaises. Une des brochures, contenant la traduction de l'admirable article de Joseph Bedier, nous est revenue chaque page barrée d'une grande croix bleue et sur le titre *Los crimenes alemanes*, le stupide germanophile a simplement remplacé le mot *alemanes* par le mot *franceses*, et ajouté *Barbaros!* — Qu'est-ce que cela peut bien signifier? Non moins absurde est la note inscrite sur la première page du bulletin n° 11, *Lo que hacen los franceses*, où la conduite toute d'honneur et d'héroïsme de nos soldats est opposée aux crimes de leurs adversaires : *Barbaridades y nada mas!* tandis qu'à la seconde page, où l'on voit l'image d'un prêtre soldat disant la messe, on lit : « *Ipocritas, embusteros*, hypocrites, imposteurs! » Tout cela, maintes fois répété, est monotone, et n'aurait certes qu'une mince valeur, si sous ces mots insultants, *faussetés, mensonges, calomnies, immondices*, etc., on ne retrouvait le thème habituel des libelles allemands qui, faute d'arguments et de preuves, jettent sottement leurs turpitudes aux autres[2]. Mais comme, même en ces temps graves, il faut garder le sourire, nous citerons cette phrase vraiment *boche* et terrifiante, où la menace — anonyme, naturellement, — se joint à l'outrage : « Prenez garde, *afrancesados*, à ces brouillons, qui pourraient vous coûter de sérieuses contusions (proprement des coups de bâton sur la tête)[3]. » Évidemment, des coups sur la tête, au coin d'un bois, voilà les bons, les vrais, les seuls arguments. Et nous reconnaissons la manière tudesque.

Voici d'ailleurs le bouquet : « Je ne signe pas cette lettre, dit un bouillant et prudent Madrilène après une longue page d'insultes, parce que je ne veux pas que mon nom passe par vos lèvres, mais si entre vous tous il y en a un qui soit assez vaillant pour se rencontrer avec moi, afin de discuter tranquillement toutes les atrocités que vous publiez,

---

1. « *...pero les advierto que sin leer dichas informaciones, seran quemadas.* »

2. *Mentira! calumnias! inmundicias!* sont d'ailleurs les moins gros mots, et nous préférons ne pas traduire ceux-ci, qui reviennent en délicieux refrain : *cobardes! farsantes! traidores! canallas! tonticos!* non plus que cette ligne aussi logique que parfumée : « *Los aliados son traidores, prueva de ello es que a pesar del gran numero cagan tinta!* »

3. « *Tener cuidado, afrancesados, con esos borrones, que pueden costaros serios coscorrones.* »

et s'il est nécessaire de jouer sa vie en défendant son idéal, insérez une annonce dans l'*A. B. C.* du vendredi, dans la section des annonces économiques (!), disant plus ou moins : « J'accepte le défi. Signature et adresse. *Hurra Deutschland!* [1] » Lâchement, hélas! nous n'avons pas fait l'annonce économique, ni tenté la discussion « sereine »!

Il y a d'ailleurs encore mieux : ceci est la menace d'un bon jaimiste (*Viva Alemania!* s'écrie-t-il! *Viva Jaime III! Abajo Lerroux!*) qui n'y va pas par quatre chemins [2] : « Ne prenez pas la liberté de nous envoyer de tels documents, car alors nous prendrions, nous, la liberté d'incendier l'imprimerie d'où ils sont sortis avec tous les rédacteurs dedans. Vive Jaime III! »

Rarement, tel ou tel destinataire des brochures du Comité daigne écrire une lettre pour s'épancher plus librement, et distiller plus à son aise son venin. Voici un des plus intéressants spécimens de cette littérature spéciale :

« Aux Messieurs, ou qui que ce soit, qui forment le Comité international de propagande.

» Pourquoi, au lieu de vous occuper à dire et écrire tant de mensonges et tant de calomnies contre les Allemands, ne prenez-vous pas un fusil et ne marchez-vous pas contre eux? Parce qu'il est très commode, depuis l'Espagne, d'écrire contre les Allemands. Quand on a une rancune ou un désir de vengeance, en cas de guerre on empoigne un fusil et on va contre l'ennemi... »

Ceci n'est déjà pas mal, et l'on se demande pourquoi serait honteux pour les Français ce que notre germanophile trouve certainement glorieux pour les folliculaires allemands. Comment, d'autre part, un homme ose-t-il ainsi insulter des inconnus sans savoir si leur âge ne les tient pas malgré eux loin des combats, si le plus pur de leur sang n'a pas abondamment arrosé le sol sacré de la patrie, si la parole et la plume loyale, peut-être trempée dans les larmes, ne sont pas des armes très nobles pour ceux qui ont crié la rage au cœur et la mort dans l'âme à leurs jeunes fils, comme le vieux D. Diègue :

> Mais mon âge a trompé ma généreuse envie,
> Et ce fer, que mon bras ne peut plus soutenir,
> Je le remets au tien pour venger et punir...
> ... Meurs ou tue...?

---

1. « *No pongo mi nombre en esta carta porque no quiero andar en boca de Uds., pero si entre todos hay alguno que sea tan valiente que quiera verse conmigo, para discutir serenamente todas las atrocidades que Uds. publican y si es preciso jugarse la vida defendiendo sus ideales, inserten Uds. un anuncio en el A.B.C. del viernes en la sección de anuncios economicos, que diga mas o menos : « Acepto el reto. » Firma y direccion. Hurra Deutschland!* »

2. « *No se tomen la libertad de madar* (sic) *semayantes* (sic) *documentos por que en ese caso nos tomaremos nosotros la libertad de incendiar la imprenta de donde nacio con todos sol redactores dentro. Viva Jaime 3°.* »

Mais continuons la citation :

« Et je ne puis vous dire autre chose, sinon que vous paraissez, Français et Anglais, des canailles, des efféminés *(maricones)*, des couards, des fils de p... (cela pour les Françaises en général, tant qu'on ne me démontrera pas le contraire), dont toute la force s'en va par la bouche et non par les poings. Lâches, misérables ! Il vaudrait bien mieux combattre pour sauver votre pays que de calomnier.

» Vous avez passé quarante-trois ans à dire que vous alliez manger les Allemands, et si l'on vous laissait seuls avec eux, il ne resterait pas un de vous. Et vous avez encore l'audace et l'aplomb de dire que vous pouvez y faire avec eux ! Quelle impudence ! et quels chapons vous êtes, fils de p...! Allez, prenez un fusil et revenez dans votre patrie pour la défendre, et malheur à vous ! Il ne vous reste plus que le droit de jouer des poings. Vous voudriez nous faire croire à tous que les vaillants, les savants, les travailleurs, c'est vous, et que les Allemands sont les ignorants, les paresseux et les couards. Ah ! ah ! vous me faites rire ! Ignorants, orgueilleux, stupides, canailles, c'est vous les Français; dans votre pays il n'y a que des p... et des boucs [1]. »

Et voilà !

Nous repousserions du pied cette ordure et brûlerions du sucre, si elle était unique, même s'il n'y en avait que plusieurs. Mais cette bordée de sottises est plus, hélas ! que le vomissement d'un goujat ivre; c'est la leçon soufflée par l'Allemagne, quelquefois sous une forme presque aussi immonde. Que l'on en juge par ce misérable

---

1. « *Para los Sres., o lo que sean, que forman el Comité internacional de propaganda*.

¿ Porqué, en vez de dedicarse a decir y escribir tanta mentira y tanta calumnia contra los alemanes, no cogen Uds. un fusil y se van Uds. contra ellos ? Porque resulta muy comodo desde esta España escribir contra los Alemanes. Cuando se tiene resentimiento o deseos de venganza en casos de guerra se empuña un fusil y se va derecho al adversario.

» Yo no puedo decirles a Uds. otra cosa, sino que me parecen Uds. los Franceses y los Ingleses unos canallas, maricones, cobardes, hijos de putas (eso son las francesas en general en tanto no se demuestre lo contrario) que se le va toda la fuerza con la boca en vez de (mot illisible) por los puños.

» ¡ Cobardes ! miserables¡ mas valiera estuvierais luchando por salvar a vuestro pais que no calumniando.

» Cuarenta y tres años diciendo que os ibais a comer a los alemanes y si os dejan solos con ellos no quedaria ni uno¡ Y todavia teneis la osadia y la despachatez de decir que podeis con ellos! Pero que poca verguenza y que cabrones sois hijos de putas. Andar y cojer un fusil e ir a vuestra patria a defenderla, que mal os veis. No os queda mas que el derecho del pataleo.

» Quereis hacer creer a todos que los valientes, los sabios, los trabajadores sois vosotros y los alemanes, los ignorantes, los holgazanes, y los cobardes. Ja, ja, como me (?) haceis reir.

» Ignorantes, soberbios, estupidos, canallas vosotros Franceses, pais donde no hay mas que putas y cabrones. »

factum, imprimé très sûrement en Allemagne, qui fut un beau matin glissé sous toutes les portes de Madrid, même sous la nôtre :

Aux nobles fils de l'Espagne. — Avis.

CLASSIFICATION DES ALLIÉS.

BELGIQUE. — Inconscients et dupes.

FRANCE. — Orgueilleuse, diffamatrice, faisant beaucoup de mal avec sa fausse presse, se moquant et se jouant toujours de notre chère Espagne.

ANGLETERRE. — Fourbe, perfide, hypocrite, trompant le monde avec sa fausse civilisation et voulant toujours tenir l'Espagne (comme les pauvres Indiens) avec la corde au cou[1].

Le reste est d'autre ton et a un autre sens.

Sur un exemplaire des *Documentos* (nº 15), nous lisons : *Marranos los Franceses, Ingleses, traidores Italianos, y canalla José Eugenio Ribera* (Cochons les Français et Anglais, traîtres les Italiens, et canaille José Eugenio Ribera).

M. J. E. Ribera est l'auteur d'une remarquable brochure qui a eu l'heur de fort irriter les germanophiles : *La conveniencia española en la guerra europea.* Que voilà bien un harmonieux écho de l'appel *aux nobles fils de l'Espagne!*

Nous pourrions multiplier les citations de ce genre; de pareils morceaux de haut goût émaillent toute la propagande allemande.

Mais nos bons germanophiles n'ont-ils point d'autres raisons que l'obscénité ou l'injure? Si fait, et un grand nombre nous servent, comme on le va voir, des arguments sans réplique.

Voici, par exemple, une lettre signée : « Un Espagnol qui aime l'Espagne »; l'insulte grossière s'y mêle agréablement à un patriotisme aussi éloquent qu'éclairé :

« Je ne puis m'empêcher de vous dire que tout ce que vous dites de l'Allemagne est un mensonge. Les bandits, les lâches et les assassins, ce sont les Français et les Anglais; ils sont comme les serpents

---

1. Sur l'enveloppe

A LOS NOBLES HIJOS DE ESPAÑA. — AVISO.

CLASIFICACION DE LOS ALIADOS.

BELGICA. — *Inconscientes y primos.*

FRANCIA. — *Orgullosa, difamadora, haciendo mucho daño con la falsa Prensa, burlandose y mofandose siempre de nuestra querida España.*

INGLATERRA. — *Taimada, perfida, hipocrita, engañando al mundo con su mentida civilizacion y queriendo siempre tener a España (como a los pobres indios) con el dogal al cuello.*

¡ Mucho cuidado ! No sea que nos lleven a derramar la sangre de nuestros hijos. Aunque ahora nos brindan amistad POR CONVENIENCIA *« es falsa » y si vencieran...; ¡ pobre España y pobres Españoles!*

qui rampent pour détruire le plus faible. La France a méprisé
l'Espagne, et maintenant qu'elle a besoin d'elle, elle veut l'enjôler.
Je répète que les Français et les Anglais sont des lâches, des assassins,
des bandits de sierra qui ne méritent rien que l'écrasement. Je
demande à Dieu de tout mon cœur que l'Allemagne détruise la
France et l'Angleterre, tellement qu'il n'y reste pas un être vivant. Ainsi
disparaîtra cette race de canailles, tandis qu'à l'Allemagne je souhaite un
triomphe glorieux, parce que tous les Allemands sont des *caballeros*
et parce qu'elle est la mère de la civilisation. De toute la force de mes
poumons, je m'écrie en ce moment : Meure la France, meure l'Angleterre ! Meurent les Français et les Anglais ! Vive l'Allemagne, vive le
kaiser, vive la grande armée allemande[1] ! »

Là encore, nous trouvons l'enseignement de l'Allemagne ; les journaux germanophiles, les brochures, les feuilles de propagande impri-
més à Madrid, à Barcelone, en Allemagne, tirent sur cette corde qu'ils
ont dû rendre particulièrement sensible : la France et l'Angleterre
méprisent l'Espagne et furent toujours ses pires ennemies. Le démon-
trer, le prouver, serait trop long et trop difficile, même pour des gens
qui ont le souci que l'on sait de l'histoire. Il suffit pour allumer les
naïfs de quelques fortes exclamations, de quelques mots — des gros
mots — mille fois criés et recriés. Et c'est pour cela qu'en marge des
Bulletins renvoyés — quelle qu'en soit du reste la teneur, quel qu'en
soit le sujet — à tort et à travers, se répètent à profusion des affir-
mations de ce genre, qui sont, n'est-ce pas ? péremptoires :

« Nous les vrais Espagnols, nous savons comment se sont conduites
l'Angleterre et la France avec l'Espagne. »

« La France hait les Espagnols pour la déroute de Napoléon en 1808. »

« Souvenez-vous de Gibraltar, des assassinats du 2 mai, des
partages du Maroc, où les Français nous ont tout volé, des canaille-
ries de Barras... »

« Tout cela, mensonges ! Se rappeler Gibraltar et le partage du
Maroc. »

« Après avoir lu ce libelle (les atrocités allemandes en Belgique et
en France), je crois que tout ce que vous dites des Allemands est

---

1. « ... *No puedo por menos que decirle que todo lo que dicen de Alemania es una
mentira. Los bandidos cobardes y asesinos son los Franceses y los Ingleses, son como los
serpientes que se arrastran por destruir a el mas debil ; Francia ha tenido postergada a
España, y ahora que necesita de ella, todo se la buelve alazarla, como vulgarmente se dice
plastearla. — Vuelvo a repetir que los Franceses y los Ingleses son unos cobardes, asesinos,
bandoleros de sierra, que no se merecen nada mas que el aplastamiento, y yo pido a Dios
con todo mi corazon que Alemania destruya a Francia y a Inglaterra, pero que se no dege
ser viviente. Asi se terminara esa raza de canallas, mientras que Alemania la deseo un
triunfo glorioso, por los caballeros que son todos los Alemanes y por ser la madre de la
civilisacion. Con toda la fuerza de mis pulmones clamo en este momento ¡ Muera Francia !
Muera Inglaterra ! Mueran Franceses y Ingleses ! Viva Alemania ! Viva el Caiser ! Viva el
grandioso egercito aleman ! — Un español que quiere a España.* »

jalousies, injures et calomnies. Défendre des Français est défendre des pirates. Songez d'où viennent les ruines de l'Espagne. »

« Meurent la despotique Angleterre et tous ses alliés [1]. »

Etc., etc.

Un groupe de « germanophiles navarrais » est plus explicite. Il prend la peine d'écrire deux pages, dont voici les plus jolies phrases :

« Puisque vous continuez à nous molester avec vos stupides feuillets de propagande francophile, nous nous décidons à vous écrire, afin, tout en protestant contre les répugnantes calomnies que vous propagez, de vous supplier à ne pas vous fatiguer à nous envoyer vos malpropres documents, qui non seulement ne plaisent pas ici, mais produisent un effet contraire, c'est-à-dire excitent chaque jour davantage la haine contre ceux qui toujours se sont appliqués à nous diminuer et à nous humilier devant le monde entier et à nous accabler le plus qu'ils ont pu. Ne prenez donc plus la peine de nous envoyer ces chiffons de papier (*papeluchos*), parce que la vue nous en donne des nausées, tant ils sont pleins de sottises et de mensonges...

» Ici nous sommes tous franchement germanophiles et sommes ravis des victoires allemandes. Nous ne voulons pas avoir affaire à des fantoches, ni surtout à ces blonds Anglais que nous haïssons plus encore que ne font les Allemands [2]. »

Voici d'autres textes du mêmes genre :

1° Lettre d'un habitant de Vigo, obscur *représentant* de la jeunesse mauriste :

« Je regrette beaucoup que la France se trouve dans la détresse présente, et vous pouvez croire que sincèrement j'irais à son secours ; mais je n'oublie pas qu'en Espagne nous nous rappelons encore les vexations que la France nous fit subir il y a un siècle, et qu'alors

1. « *Los españoles verdaderos sabemos lo que hizo Inglaterra y Francia en España.* »
« *Francia odia los Españoles por la derrota de Napoleon en 1808.* »
« *Acordarse de Gibraltar, de los asesinatos del 2 de mayo, del reparto de Marruecos donde tanto nos han robado los franceses, de las canalladas de Barras.* »
« *Despues de leido el libro creo que todo lo que diceis de los alemanes son embidias y injurias y calumnias. Defender a Franceses es defender piratas. Fijarse de donde vienen las ruinas de España.* »
« *Muera la despotica y opresora Inglaterra y todos sus aliados.* »
2. « *En vista de que continuan Uds. molestandonos con sus estupidos folletos de propaganda francofila, nos decidimos a escribir a Uds. para que al mismo tiempo que protestamos de las repugnantes calumnias que en tales folletos se propagan, suplicarles no se molesten en enviar tan asquerosos documentos, pues aparte de que aqui no cursan, consiguen Uds. el efecto contrario que se proponen, esto es, fomentar cada dia mas el odio y el desprecio hacia los que siempre han tratado de empequeñecer y envilecernos ante el mundo entero, y arrebatarnos cuanto han podido. No se molesten pues en mandar esos papeluchos, porque da nauseas el verlos, por la serie de disparates y embustes de que estan llenos y si no atienden nuestro ruego ya puéden suponer el destin que les daremos.*
» *Aqui todos somos francamente germanofilos y nos complacemos con sus victorias. No queremos nada con fantoches mucho menos con esos rubios Ingleses que los odiamos aun mas que los Alemanes.* »

étaient certaines et très certaines toutes les choses dont maintenant vous accusez gratuitement les Allemands [1]... »

2° Ecrit sur un n° 17 de *Documentos y Informes.*

« Les Français, inventeurs de toutes sortes d'outrages envers l'Espagne et responsables de sa ruine morale et matérielle, n'ont pas le droit d'attendre des Espagnols autre chose que le mépris, puisqu'en nos cœurs il n'existe plus de haine [2] .»

L'auteur ajoute : « Comme vous nous avez traités, vous traitez maintenant les Allemands. Toujours français ! » (*Como nos tratasteis a nosotros, tratais ahora a los Alemanes. ¡Siempre franceses!*)

N'en demandons pas plus aux neuf dixièmes des germanophiles espagnols. Ils se gargarisent avec les mots Gibraltar, Napoléon, Maroc, France en décadence, perfide Albion, sans penser, sans réfléchir, sans savoir, en ignorants qui n'ont jamais rien compris à l'histoire de leur pays ni des autres, en aveugles qui ne comprennent rien aux grands événements qui se déroulent, en naïfs qui croient bonnement que l'Allemagne leur rendra Gibraltar, leur donnera tout le Maroc et beaucoup d'excellentes choses encore.

Un grand nombre, ayant peur tout de même que la guerre ne tourne pas à leur gré, réclament à grands cris la neutralité [3], sans vraiment savoir ce que ce mot signifie et comporte, ni les dangers qu'elle entraîne pour le présent et l'avenir. Ils se figurent, pourtant, que les alliés sont perdus sans leurs secours et protestent avec des cris de paons contre une intervention armée que personne, grand Dieu ! ne leur réclame. Nos germanophiles navarrais nous disent : « Malgré tous vos efforts, vous n'arriverez pas à nous faire perdre la neutralité, parce que plutôt nous tournerions les armes contre ceux qui nous auraient réduits à nous battre ; nous ne sommes ni Italiens, ni Portugais, nous sommes Espagnols de bonne souche..... [4]. » C'est là, comme on sait, un mot d'ordre ; le ministère Dato l'a fait et proclamé sien ; c'est, depuis des mois, le thème de presque tous les journaux et de plus d'un discours politique dont personne n'a perdu la mémoire.

1. « ..... *Lamento mucho que Francia se encuentre en el apuro presente, y puede V. creer que sinceramente acudiria a su remedio, pero no olvido que en España recordamos aun las vejaciones que Francia nos hizo hace un siglo, y que alli fueron ciertas y muy ciertas todas las cosas que ahora gratuitamente achacan Vds. a los Alemanes...* »

2. « *Los Franceses, inventores de todo jenero de ultrajes a España y causantes de su ruina moral y material, no tienen derecho a esperar de los Españoles mas que desprecio, ya que en nuestros corazones no existe el odio.* »

3. Plusieurs exemplaires des *Documentos* sont revenus avec ce seul mot tracé sur beaucoup de pages : « *Neutralidad ! neutralidad ! neutralidad aun que os pese,* neutralité, quoiqu'il vous en déplaise ! » Sur une brochure de D. Eugenio Ribera (*La conveniencia española en la guerra europea*), un mécontent a écrit : « *Esta labor por Vds. emprendida no conseguira llevar a España a la guerra !!! Neutralidad !!!* Cette campagne entreprise par vous n'entraînera pas l'Espagne à la guerre. » Mais qui donc lui demande cela ?

4. « *No conseguiran por mucho que trabajen hacernos perder la neutralidad, por que antes volveriamos las armas contra los que nos habian inducido a pelear. No somos italianos, ni portugueses : somos españoles de buena cepa...* »

Mais ce qui nous intéresse ici, ce sont les manifestations d'un autre genre, où l'on sent à plein nez l'ingérence allemande, qui ailleurs se dissimule. Une petite feuille a volé dans toute l'Espagne sous ce titre : *Eso de intervenir, jamás !* Elle s'adresse aux ouvriers, sous prétexte que l'exportation des denrées espagnoles en France les affame, aux mères, *las nobles, las santas madres españolas*, qui devront empêcher que l'on ne verse le sang de leurs fils « pour de misérables intérêts cachés sous les mots imbéciles de civilisation, justice et progrès ! [1] » — N'est-ce pas là pure pensée et pure rédaction allemande ? — Enfin, sous un sous-titre, *Mision de paz*, les rédacteurs offrent la médiation de l'Espagne, parce que « l'auréole de gloire qui couronnera la patrie comme messagère de paix sera plus éclatante que celle qu'elle gagnerait en envoyant la fleur de sa jeunesse mourir en Flandre ou en Alsace » [2].

Mais, détail amusant, distribuée sous la même enveloppe, une autre feuille volante qui ne craint pas de contredire sa compagne, chante, c'est le cas de le dire, une autre antienne, la pure antienne germano-carliste, l'antienne des jaimistes, ces enfants terribles de la germanophilie. C'est une adaptation, paroles et musique, de l'hymne allemand « *Deutschland, Deutschland über alles !* ». Traduisons-la, elle en vaut la peine :

> Pour Dieu, la patrie et l'empereur lutte
> l'armée allemande,
> forte et valeureuse,
> qui ne sera jamais vaincue.
>
> Comme les jaimistes ont
> sur leur écu même blason,
> pour cela ils aiment et admirent
> le noble peuple teuton.
> Pour Dieu, la patrie, etc.
>
> Vivent l'Espagne et l'Allemagne,
> qui ensemble regardant Dieu,
> par personne ne pourraient être vaincues,
> si elles étaient unies toutes les deux [3].

---

1. « *Que si ellas saben darlos (sus hijos) con prodigalidad heroica para los santos intereses de la Patria, saben tambien negarlos cuando no se le piden en su nombre, sino en el de bastardos, miserables intereses encubiertos con palabras imbeciles de Civilizacion, Justicia y Progreso.* »

2. « *Pero los engañados, los alucinados, los que nada ganan ¿ no ven que es mas esplendorosa la aureola que circundara la Patria como mensajera de paz que enviando la flor de nuestra juvendud a morir en Flandes o en Alsacia ? »*

3. *Letra española.*
Deutschland ! Deutschland über alles !

> *Por Dios, Patria y Kaiser lucha*
> *el ejército alemán,*
> *esforzado y valeroso*
> *al que nunca vencerán.*

Le fin mot est lâché ; c'est l'alliance avec l'Allemagne que veulent les Espagnols de bonne souche, *de buena cepa*, les vrais Espagnols, conduits par les jaimistes. Et quoi de plus naturel, puisque tous ces gens-là admirent si passionnément l'Allemagne et le Kaiser ! Sur combien de nos *Documentos* n'avons-nous pas lu les déclarations de ce genre :

« L'Allemagne est grande, honnête et noble, ce que n'est pas la France, centre de perdition et de barbarie[1]. »

« L'Allemagne est la nation que la France doit contempler comme le modèle de la civilisation[2] ». Etc.

On trouvera peut-être bien longue l'énumération de ces insanités ; aussi épargnons-nous aux lecteurs nombre de documents de même style. D'ailleurs, nos correspondants nous donneraient beau jeu, si nous voulions prendre la peine de les plaindre ou de nous moquer d'eux, car pour les réfuter... que réfuter, où il n'y a rien que des outrages odieux, sans une raison ? Les Allemands, dans leur lourde littérature de faux, de mensonge, de dissimulation et de vantardise, n'arrivent pas à éteindre la sanglante lumière de leurs atrocités, de leurs sacrilèges, de leurs pirateries, à masquer la honte de leur guet-apens, de leur parjure, de leur sauvagerie ; comment y réussiraient des Espagnols qui, pour aveuglés et dévoyés qu'ils soient, et pour tant qu'ils renient leur sang latin, n'ont pas encore le cœur ni l'esprit faits absolument comme leurs amis inattendus ? Tout ce qu'on peut vraiment leur demander, c'est de répéter, comme ils font, à l'instar des fameux intellectuels d'outre-Rhin : « Il n'est pas vrai que... Il n'est pas vrai que... »

Quelques-uns seulement ont voulu développer un peu leur pensée. Voici par exemple une lettre, écrite sur une page blanche de la pastorale du cardinal Mercier, qui mérite la honte d'être traduite *in extenso ;* c'est, à notre avis, un document de premier ordre[3] :

Como los jaimistas tienen
en su escudo igual blason,
por eso quieren y admiran
al noble pueblo teuton.
Por Dios, Patria, etc.

Viva España y Alemania !
que juntas mirando a Dios,
nadie vencerlas pudiera
si unidas fueran las dos.

1. « *Alemania es grande, honrada y noble, lo que no es Francia, centro de perdicion y de barbarie.* »

2. « *Alemania es el pueblo en que Francia debe mirarse para tomar ejemplo de cultura.* »

3. Des extraits de cette lettre ont été cités par notre collègue M. Louis Arnould, à qui nous nous étions fait un plaisir de la communiquer, dans son excellente brochure : *Le Duel franco-allemand en Espagne* (Bloud et Gay, *Pages actuelles*, n° 59, p. 23).

« Je respecte trop un Prince de l'Église pour me permettre de juger un document d'une telle autorité ; je dois pourtant dire qu'il n'est pas certain, tout au moins qu'il n'est pas prouvé qu'un si respectable personnage ait été détenu, et par conséquent s'écroulent par la base tous les arguments que vous avez fondés sur ce fait faux ou incertain pour discréditer la *caballerosidad* jamais démentie des Allemands, et duper par ce procédé les naïfs. A la vérité, les moyens que vous employez seraient mieux employés par d'autres que par ceux qui se sont glorifiés de mépriser l'Église et ses ministres et donnent à entendre qu'ils ont épuisé tous les autres moyens de défense. En outre, supérieure, suprême est l'autorité du Souverain Pontife, qui a été niée et foulée aux pieds par le gouvernement français, et cela au moins est certain, quand il a confisqué la prière *Pro pace*. Une nation qui ainsi foule aux pieds et nie, depuis si longtemps, l'autorité et le droit de Dieu et de son Église, a perdu absolument tous les droits, même le droit à la vie, puisqu'elle renie l'auteur de la vie.

» Quant aux Anglais, nous autres Espagnols avons toujours les yeux fixés sur Gibraltar, qui est tout un livre sur l'amour que nous porte l'orgueilleuse Albion. Pour les Français, nous avons présentes leurs mœurs et leurs institutions, qu'ils ont importées chez nous. Quant aux alliés, pour ne citer que les faits d'aujourd'hui, nous avons très présent ce qui s'est passé et se passe encore au Maroc, et ce qu'ils ont fait pour nous, quand nous avons été dépouillés de nos colonies. Par conséquent, que chacun secoue ses puces *(sic)*; si les Belges furent des sots, tant pis pour eux ; qu'ils invoquent Ferrer et lui élèvent une autre statue ; si les Français, les Anglais et les autres alliés n'ont pas d'autres armes que ces romans pour résister à la formidable attaque de la vaillante armée allemande, ils peuvent abandonner le champ à leur ennemi et lui demander pardon, parce que nous sommes des pygmées dont les colosses de la force repousseraient l'appui avec hauteur (? ?). Cette guerre est la guerre des *vice-versa;* c'est le comble des combles que la nation qui se dit la reine des mers se voie bloquée par mer ; c'est la stupidité des stupidités de réclamer le secours d'une nation que l'on n'a cessé d'outrager et de mépriser ; et c'est la jactance des jactances et la sottise des sottises de vouloir éteindre la lumière du ciel quand on n'est pas capable d'éteindre le feu des canons allemands. L'heure est venue de combattre non avec la plume et les signatures, peut-être simulées, de personnes peut-être partiales, mais avec les armes du soldat, et vous emploieriez mieux ainsi votre temps qu'à nous molester, nous qui jusqu'à présent, grâce à Dieu, sommes éloignés de la lutte ; cela montre bien peu de patriotisme.

» Notre Dieu est le Dieu des batailles et de la justice, et donnera la victoire à ceux qui la méritent. Donc, à bas la superbe de l'Angleterre, et son oppression! à bas l'effémination et l'athéisme français! à bas l'hypocrisie des alliés !

» Vive l'Allemagne et son Empereur[1] ! »

Nous avons conservé à ce réquisitoire toute sa saveur. Comme nous n'écrivons pas pour les Espagnols, ni spécialement pour les jaimistes, nous ne nous amuserons pas à discuter ce que le brave curé, — car l'anonyme est un curé, nul ne pourrait s'y méprendre, — a si soigneusement élaboré. Il nous suffit de constater que ce prêtre — oserions-nous dire ce chrétien ou ce catholique? — est infesté jusqu'à la gorge de propagande allemande. Il exhale par tous ses pores la venimeuse boisson que lui ingurgite chaque jour le misérable *Correo español*. Il nie les faits les plus certains et les mieux prouvés, qui le gênent, comme les odieux sévices dont fut victime le cardinal Mercier; il traite les glorieux Belges de *tontos,* ce qui est la plus méprisable injure, et juge la violation de leur neutralité exactement comme font les Allemands eux-mêmes; il rappelle l'histoire de la statue de Ferrer, que nos ennemis ont tant exploitée, sans en connaître le premier mot, et sans se douter des vrais sentiments des Allemands lors des événe-

1. « *Muy Sres mios. Mucho respeto me merece un Principe de la Yglesia, para que yo me atreva a juzgar un documento de tanta autoridad: pero si debo decir que no es cierto, por lo menos no se ha probado la detencion de tan respetable persona ; como tal, por tanto cae por su base todo el argumento que Uds. han fundado en ese hecho falso o incierto, para desacreditar la nunca desmentida caballerosidad de los Germanos, y embaucar por ese medio a los incautos ; y a la verdad que esos medios, que emplean, estarian mejor empleados por otros, y no por los que han hecho alarde de despreciar a la Yglesia y a sus ministros, y dan a entender que han agotado todos los demas medios de defensa ; ademas superior, suprema es la autoridad del Sumo Pontifice, y ha sido negada y pisoteada por el gobierno frances, y esto es cierto, al secuestrar la oracion « pro pace » ; una nacion que asi pisotea y niega, desde hace mucho tiempo, la autoridad y el derecho de Dios y de su Yglesia, carece de todo derecho, aun del derecho a la vida, puesto que niega al Autor de ella.*

» *En cuanto a los Ingleses tenemos los Españoles siempre la vista en Gibraltar, que es todo un libro acerca del cariño que nos profesa la soberbia Albion; en cuanto a los Franceses, tenemos presentes las costumbres e instituciones que nos han importado; y en cuanto a todos los aliados, para no citar mas que hechos de nuestros dias, tenemos muy presente lo que ha ocurrido y esta ocurriendo en Marruecos, y lo que hicieron por nosotros, cuando fuimos despojados de nuestras colonias, por consiguiente cada uno sacuda sus pulgas ; si los Belgas fueron tontos, alla ellos, que invoquen a Ferrer y le levanten otra estatua; si les Franceses, Ingleses y demas aliados no tienen otras armas que esas novelas, para oponerse al formidable empuje del valiente ejercito aleman, entonces ya pueden abandonar el campo a su enemigo y pedirle perdon; porque nosotros somos unos pigmeos cuyo apoyo rechazarian con altivez los colosos de la fuerza. Esta es la guerra de los vice versas, es el colmo de los colmos que la nacion que se dice la reina de los mares, se vea bloqueada y por mar; es la estupidez de las estupideces solicitar el apoyo de una nacion que han estado ultrajando y despreciando; y es la jactancia de las jactancias y la tonteria de las tonterias querer apagar las luces del cielo los que no son capaces de apagar los fuegos de las cañones alemanes; ha llegado la hora de combatir no con la pluma y las firmas, quiza suplantadas, de personajes acaso parciales, sino con las armas del soldado, y Uds. emplearian el tiempo en eso mejor que en molestar a los demas, que hasta hora gracias a Dios estamos alejados de la lucha; poco patriotismo demuestra eso.*

» *Nuestro Dios es el Dios de las batallas y de la justicia, y dara el triunfo a quien le merezca; entre tanto, abajo la soberbia inglesa con su opresion; abajo la afeminacion y ateismo frances; abajo la hipocrisia de los aliados.*

» *Viva Alemania y su Emperador.* »

ments de Barcelone; il ressasse toutes les calomnies teutones contre la France athée, décadente, immorale, et c'est là, comme chacun sait, un thème particulièrement cher aux vertueux Allemands; il a, comme tout bon germanophile, son petit couplet saugrenu sur Gibraltar et la superbe Albion, sur la perte des colonies, dont, comme chacun sait, nous sommes responsables; sur la politique française, qui, par plaisir, s'est attachée à mépriser l'Espagne et à s'en faire une ennemie; sur le Maroc, dont assurément les Allemands ne s'occupaient que pour le donner aux Espagnols. Bien entendu, le Dieu des batailles, — en l'espèce le vieux Dieu de Guillaume, — a sa petite invocation, et, pour bien rester dans la note, nous recevons, en passant, quelques injures grossières : cet anonyme accuse de braves gens, qui signent leur nom et donnent leur adresse, de forger des signatures, et les renvoie, sans les connaître, de la plume au fusil. Bref, toutes les fleurs du *Correo*, des *Nouvelles* de Hambourg et des élucubrations de Coppel, l'intègre horloger de la rue Fuencarral !

On a vu comme dans la plupart de nos textes se déchaîne la haine de l'Angleterre; l'exemple et la propagande de l'Allemagne ont ici tout particulièrement opéré. Mais chez quelques-uns de nos correspondants cette haine prend une forme amusante; ils nous plaignent, nous Français, d'être les victimes d'Albion en même temps que ses esclaves; si nous faisons la guerre, — une guerre dont seule l'ambition et la fourberie de l'Angleterre sont responsables, — c'est pour obéir à nos maîtres : « *Los Franceses*, dit quelqu'un, en des termes dont on louera la correction grammaticale, *tienen que estar callados, puesto que depende de su amo los Ingleses.* » (Les Français doivent se taire, parce qu'ils dépendent de leurs maîtres, les Anglais.) — Un autre, pathétique, s'écrie : « Vrais patriotes français, quand verrez-vous clair? quand tournerez-vous les armes contre les Anglais, plus vos ennemis que les Allemands? » *(Verdaderos patriotas ¿cuando vereis claro? Cuando volvereis las armas contra los Ingleses mas enemigos vuestros que los Alemanes ?)*

Celui-ci, plus prolixe, veut bien nous prodiguer ses pensées avec sa commisération. Voici des extraits de sa lettre curieuse :

« On peut remercier de tout ce qui arrive un homme funeste qui souffrira l'exécration de l'histoire, Sir Grey, ministre anglais, homme de talent supérieur, qui, comme il voyait commencer la décadence commerciale anglaise, excitant l'amour de la patrie chez les uns, rappelant des ressentiments anciens chez les autres, excitant chez tous le goût des expansions territoriales, est arrivé à ruiner pour de longues années la France...

» Ne doutez pas que si la guerre avait eu lieu sur le sol anglais, il y aurait de longs mois qu'elle aurait pris fin. Puisqu'il en est ainsi, impartialement faites la balance des événements actuels, et vous verrez clairement que la pauvre France a été victime des ambitions des colosses qui se disputent la domination du monde[1]. »

Nous nous en voudrions enfin d'oublier la diatribe d'un pauvre homme qui se dit « ami désintéressé et le plus honorable peut-être de la glorieuse France, de l'honorable, de l'héroïque France », mais de la France des jours meilleurs et plus glorieux, et non de la France de ces lâches, de ces calomniateurs de métier et de ces traîtres, etc., etc. (c'est nous, sans nous vanter). Après quelques insultes supplémentaires, il nous avertit que « comme les Espagnols, nous pourrions bien subir le déshonneur de voir passer aux mains de nos amis, alliés et défenseurs, les Anglais, que Dieu confonde! Calais, objet éternel de leur envie, comme le fut Gibraltar qu'ils firent leur par trahison. Si les affronts se lavent avec du sang, et par la main même qui a reçu l'outrage, ne cherchez pas d'autres alliés; démasquez les traîtres qui se font vos amis, tandis qu'avec un sourire méphistophélique ils voient répandre le sang de la France, économisant de façon inconcevable le leur[2]... »

Arrêtons-nous pour éviter les redites et ne pas écœurer davantage les lecteurs. Mais auparavant citons ces vers (?) qu'un poète inspiré met dans la bouche de Joffre. Il eût été extraordinaire que la poésie ne fût pas de la fête :

> *Ni con mapas ni mentiras*
> *tienen mis penas remedio;*
> *con mapas porque son falsas,*
> *con mentiras, pues... por eso.*
>   *Si fuera verdad que avanzo*
> *como dice este folleto,*
> *no estaria, haciendo el burro,*
> *en el mismo sitio puesto.*
>
>   *Joffre* [3].

1. « *Pueden dar las gracias de todo lo que sucede a un hombre funesto que sufrira la execracion de la historia, esto es Sir Grey, ministro ingles, hombre de talento superior que viendo empezaba la decadencia comercial inglesa, excitando el amor patrio en unos, recordando resentimientos antiguos en otros, aguzando en todos sus expansiones territoriales, ha logrado por muchos años la ruina francesa... No duden Uds. que si la guerra hubiese sido dentro de Inglaterra haria muchos meses que estaria concluida. Cuando asi sea y desprovistos de todo prejuicio hagan el balance de los actuales acontecimientos, veran cloro que la pobre Francia ha sido victima de las ambiciones de dos colosos que se disputan el dominio del mundo.* »

2. « *Amigo incondicional y el mas honrado, quiza, de la gloriosa Francia, de la honrada, de la heroica Francia de mejores y mas gloriosos dias y no de la de aquestos de cobardes, de calumniadores de oficio, y de traidores...* »

« *... y es lo mas doloroso que como nosotros pasaran por el deshonor de ver en manos de sus amigos, aliados y ... defensores, los Ingleses, que Dios confunda, Calais, objeto siempre de sus ansias, como lo fue Gibraltar que por traicion hicieron suyo. Si las afrentas se laban con sangre y con la propria mano agraviada, no busquen mas aliados; desenmascaren a los traidores que se renden amigos mientras que con sonrisa mefistofelica ven la sangria suelta de Francia, ahorrando hasta lo inconcevible la suya...* »

3. « Ni dans les cartes ni dans les mensonges mes peines ne trouvent leur remède : dans les cartes, parce qu'elles sont fausses, dans les mensonges, parce que... pour cela même. S'il était vrai que j'avance, comme dit ce libelle, je ne serais pas, faisant l'âne, planté toujours au même point. »

Pour ne pas encourir à notre tour le reproche de passion et d'exagération, ayons bien soin de dire que nous ne jugeons pas tous les germanophiles espagnols aussi mal élevés, aussi sots ou de mauvaise foi que les correspondants du Comité. Il doit y en avoir qui raisonnent leur opinion, cherchent des arguments sérieux et croient en trouver; et à ceux-là des écrivains plus autorisés que nous ont répondu et, souvent, de façon péremptoire. Il en est même certainement qui déplorent, s'ils les connaissent, les documents ici publiés, et cela n'est pas pour nous déplaire. Un de nos amis, un grand seigneur illustre (peut-être est-il germanophile un peu malgré lui, car tout le rattache ou devrait le rattacher à la France, mais, chef d'un parti qui fut grand et voudrait regrandir, il doit le suivre), à qui nous montrions un jour une des lettres ci-dessus, sans, du reste, en exagérer l'importance et sans rien généraliser, pâlit soudain, et d'un geste brusque, sans en achever la lecture, repoussa le papier infâme. Nous n'attendions pas moins de son cœur généreux quoique abusé. Mais pourtant nous avons le droit de dire que de tels documents ont une grande valeur. Ils montrent à vif non l'opinion plus ou moins sincère ou désintéressée des politiciens et des journalistes qui parlent ou écrivent par instinct, ou par métier, ou par ordre, mais l'esprit même du vulgaire qu'atteint, excite et pervertit une propagande éhontée de brutalité et de cynisme. Et de plus et surtout ils nous montrent les beaux effets que devrait attendre l'Espagne de la germanisation complète que trop d'Espagnols désirent ou appellent à grands cris. Voilà, dans un pays que la France a toujours aimé, auquel elle n'a fait et ne veut faire que du bien, auquel elle ne demande, dans des circonstances tragiques, que la sympathie d'un cœur fraternel, voilà sur le peuple, voilà sur les défenseurs du trône — d'un autre trône — et de l'autel, sur les catholiques et sur les curés eux-mêmes, voilà sur les officiers, hélas[1]! l'effet de l'ineffable *Kultur*. L'Allemagne, pour la mieux rendre digne d'elle, souffle sur la noble Espagne son vent empesté de haine et de violence.

Puisse ce vent ne pas balayer ce que nous aimons tant en nos frères latins d'outre-Pyrénées, les sentiments chevaleresques, la *caballerosidad*, qui, n'en déplaise aux admirateurs du kaiser et de ses hordes barbares, ne sera jamais une vertu allemande !

II.

Par bonheur, il aurait encore fort à faire. Si le Comité international de propagande a essuyé les outrages et les saletés des germanophiles que nous avons dû flétrir, et doit en conserver le dossier, quoique

---

1. Le Comité a reçu une lettre écrite à Tolède par « trois capitaines » anonymes. Elle est tellement odieuse que nous n'avons pas le courage d'admettre qu'elle émane vraiment de soldats, et que nous la jetons aux ordures.

avec dégoût, il est un autre dossier que l'on aime à feuilleter, et qui tiendra une place d'honneur dans nos archives. Là, des Espagnols de toutes les classes, de toutes les sociétés, de toutes les professions, de tous les métiers, de tous les partis, des pauvres et des riches, des intellectuels et des illettrés, en un langage propre, sobre, sans exagération et sans violence, mais non sans enthousiasme, nous ont spontanément exprimé leurs vœux pour le triomphe de la France et de ses alliés, parce que non seulement l'Espagne, mais le monde entier doivent beaucoup à la France, parce qu'elle représente la Justice, le Droit, la Vérité, parce qu'elle a été odieusement trompée, puis attaquée, parce qu'elle lutte loyalement contre des forbans et des pirates, et donne au monde un impérissable exemple de sagesse et d'héroïsme.

Nous voulons laisser nos lecteurs sous l'impression heureuse que nous ont donnée à nous-même ces documents. Déjà, les « paroles de quelques Espagnols » dont l'effet a été si réconfortant pour nous, ce manifeste qu'ont signé près de huit cents intellectuels (la liste n'est pas close), professeurs d'Universités et de lycées, littérateurs, savants, artistes, ingénieurs, avocats, médecins, publicistes, etc.[1], a prouvé clair comme le jour que la cause des alliés a un nombre infini d'amis parmi les meilleurs, ceux qui sentent, pensent et raisonnent, et qu'au contraire les germanophiles font plus de bruit qu'ils ne valent.

« Nous sommes certains, disent nos partisans, d'accomplir notre devoir d'Espagnols et d'hommes en déclarant que nous nous intéressons de tout notre cœur et de toute notre raison au conflit qui bouleverse le monde. Nous nous faisons solidaires de la cause des alliés, parce qu'elle représente l'idéal de la justice, qui coïncide avec les profonds et imprescriptibles intérêts politiques de la nation. Notre conscience réprouve où que ce soit tous les actes qui dégradent la dignité humaine et le respect que les hommes se doivent, même au plus ardent de la lutte[2]. »

Nous défions les germanophiles de publier une page semblable, et surtout de la faire signer par des hommes dont les noms fassent équilibre à nos huit cents amis.

Ce que nous venons de lire, c'est là justement ce que nous écrivent à l'envi nos partisans, en nous félicitant de notre campagne, et nous

---

1. Nombre de lettres, dont nous ne voulons pas faire état, nous prouvent que beaucoup de fonctionnaires, et non des moindres, sont avec nous, mais sont tenus à n'en rien manifester officiellement, par respect pour la fameuse neutralité.

2. « *Estamos ciertos de cumplir un deber de españoles y de hombres, declarando que participamos, con plenitud de corazón y de juicio, en el conflicto que trastorna al mundo. Nos hacemos solidarios de la causa de los aliados, en cuanto representa los ideales de la justicia, coincidiendo con los mas hondos e ineludibles intereses políticos de la nación. Nuestra conciencia reprueba donde quiera todos aquellos hechos que menoscaban la dignidad humana y los respetos que los hombres se deben, aun en el mas enconado trance de la lucha.* »

demandant encore et encore de ces armes loyales que seules nous voulons employer contre la propagande allemande, aussi violente et mensongère qu'infatigable.

Non pas deux fois, mais cent fois les lettres que nous recevons commencent ainsi : « Partisan enthousiaste de la cause des alliés, je viens à vous... » Un ami plus chaud encore s'écrie en fanfare : « *Batallador inlasable de la causa que tan justamente defende Francia, etc.* » Cette cause des alliés, c'est celle de la *justice*, de la *vérité*, de la *liberté*, du *droit*, de la *raison*, de la *loyauté*, de la *dignité humaine*, de la *civilisation*, de la *légitime défense ;* c'est la *noble et juste cause*, la *sainte cause* enfin, et ces derniers mots reviennent souvent.

Il va sans dire que les Allemands sont plus d'une fois pris à parti avec quelque véhémence, et cela ne nous déplaît pas, pour leurs « mensonges », leurs « trahisons » et leurs « cruautés inouïes », mais les termes qui les qualifient n'ont pas la violence des injures dont nous avons vu que les germanophiles accablent les alliés ; certains même leur rendent justice, comme celui qui écrit : « Que le peuple allemand ait été laborieux, persévérant, progressif, cultivé et philosophique, il est impossible de le nier sans commettre une faute[1]. » Mais la plupart les traitent de « barbares », et n'est-ce pas le mot qui vient naturellement aux lèvres des plus modérés, celui du reste qui a surtout le don d'irriter nos ennemis ?

Pour prouver, d'ailleurs, que nous ne voulons pas pécher par prétérition, voici un passage, le seul passage violent que nous ayons relevé dans toute notre correspondance. « Trompeurs, farceurs, hypocrites, insidieux, cruels, barbares à l'âme sauvage, traîtres, perfides, égoïstes, ambitieux, assassins, calomniateurs, etc., tels sont les Allemands[2] ! » Certes, la litanie est rude, et le ton n'est pas trop de notre goût ; mais, à peser tous les mots, en est-il un qui ne soit, hélas ! trop bien justifié et qu'on puisse ou veuille rayer ?

L'adhésion à la « cause sainte » va, comme il est juste, à tous les alliés, qu'un même idéal a unis pour un même effort glorieux ; mais, et cela nous est bien doux, c'est à la France que vont surtout les hommages et l'affection. Voilà qui fait du bien, car c'est là que nous retrouvons tout le cœur généreux de l'Espagne que trop de gens nous croient hostile. Citons au hasard, sans avoir peur des redites, qui ne sembleront monotones à aucun Français :

« Admirateur de la France, berceau des Droits de l'homme, et de l'Angleterre pour son austérité noble et souveraine, je suis avec la

---

1. « *Que el pueblo aleman ha sido laborioso, constante, progresivo, culto y filosofico, no es posible negarlo sin cometer una falta.* »

2. « *Embusteros, farsantes, hipocritas, insidiosos, crueles, barbaros con alma salvaje, traidores, alevosos, egoistas, ambiciosos, asesinos, informales calumniadores, etc., etc., es o son los espiritus alemanes.* »

même anxiété que le peuple français les événements de la grande guerre, et comme lui j'aspire à la victoire et à la revanche [1]. »

« La grande Angleterre, je la porte dans mon cerveau, et la France éternelle, dans mon cœur. »

« Mon ardent amour pour la France, pour la France du passé et pour la France de l'avenir, m'a dicté ces lignes... Je voudrais m'informer des exploits inédits de la France, de cette France qui, avec son courage et la puissance de ses forces de terre et de mer, sera l'objet de l'admiration du monde entier après cette guerre qui changera absolument la face du monde. Vive la France! Vive la liberté [2]! »

« Notre société, enthousiaste de la race latine, et très spécialement de la France, patrie de la liberté, désire ardemment la victoire des alliés [3]. »

« Ayant appris la tâche louable du Comité de propagande en faveur de la justice que représentent les nations alliées et surtout la noble France... [4]. »

« Merci pour vos brochures qui mettent si bien en relief les sentiments altruistes de la noble nation française et de ses vaillantes et puissantes alliées, l'Angleterre et la Russie [5]. »

« .... la noble nation française, mère spirituelle de tous les hommes qui ont un sain idéal [6]. »

« Je n'obéis qu'à l'admiration que m'inspire un peuple grand et noble comme le peuple français qui lutte pour le triomphe de la civilisation, de la culture et du progrès [7]... »

C'est à de telles déclarations que s'en sont tenus d'ordinaire nos correspondants; il est rare qu'ils développent leurs pensées; un cri du cœur leur suffit, car il savent bien qu'ils n'ont pas, s'adressant à nous, à insister sur les raisons de leur sympathie et de leur admiration, pour mieux dire, de leur amour. Le plus touchant peut-être de ces témoignages est celui d'une toute jeune fille qui nous écrit ces

1. « *Admirador de Francia, cuna de los derechos del hombre, y de Inglaterra por su austeridad noble y soberana, sigo con la ansiedad que pueda sentir el pueblo frances los accidentes de la magna guerra, y, como el, ansio la victoria y la revancha.* »

2. « *Mi ardiente amor por Francia, por Francia del pasado y por Francia del futuro me ha dictado este escrito... para informarme de las hazañas ineditas de Francia, de aquella que con su valor y con lo poderoso de sus fuerzas tanto terrestres como navales ha de ser objeto de la admiracion del mundo despues de esta guerra que ha de cambiar por completo la faz del mundo entero. ¡ Viva Francia! ¡ Viva la libertad!* »

3. « *Nuestra sociedad, entusiasta de la raza latina y muy especialmente de Francia, patria de la libertad, ansia fervorosamente la victoria de los aliados.* »

4. « *Noticioso de la tarea laudable del Comité internacional de propaganda en favor de la justicia que representan las naciones aliadas, y sobre todo de la noble Francia...* »

5. « *...gracias por los folletos.... que ponen tan de relieve los sentimientos altruistas de la noble nacion francesa y de sus valiosos y potentes aliados Inglaterra y Rusia.* »

6. « *... La noble nacion francesa, madre espiritual de todos los hombres de sanos ideales.* »

7. « *... llevado tan solo de admiracion hacia un pueblo tan grande y tan noble cual es el pueblo frances que lucha por el triunfo de la civilizacion, la cultura y el progreso.* »

mots, gracieux comme elle, pour nous demander de lui envoyer nos brochures : « Je sais qu'à une jeune fille, et surtout de mon âge, — j'ai quatorze ans, — ne convient pas beaucoup un tel désir, c'est plutôt l'affaire des hommes ; mais l'intérêt que porte mon cœur à la cause de vos compatriotes (alliés) est si grand que toujours je cherche à connaître les épisodes où se peuvent montrer leurs gloires et leurs prouesses et les injustices des Allemands [1]. »

Tels ou tels cependant (nous en avons donné plus haut un exemple) sentent bien que la cause des alliés est celle dont le succès servira mieux les intérêts de la race latine et de leur patrie, et, non contents d'affirmer leur certitude, en exposent les arguments. Notre dessein n'est pas en ce moment de prouver qu'ils ont raison ni de nous laisser entraîner sur le terrain dangereux de la *neutralidad*. Mieux vaut citer d'assez longs fragments d'une lettre que nous a adressée un publiciste connu, car elle nous semble mettre bien en évidence les vrais sentiments du peuple espagnol à notre égard :

« Croyez bien que l'âme populaire espagnole est totalement du côté des alliés. Une preuve : à Valence, qui a pris l'initiative pour réimprimer mon manifeste [2] ? Trois femmes, qui sont allées de maison en maison, recueillant des sous pour payer le tirage. Les Allemands jettent l'or pour acheter des journaux et publier des documents en vue de se concilier l'opinion ; ici le peuple donne son argent et son âme pour la cause des alliés qui est celle du Droit. L'Espagne libérale est plus française que la France dans son amour pour les principes de la Révolution, qui constituent l'honneur de votre nation... C'est que vous avez accroché à la place d'honneur dans vos écoles la Déclaration des Droits de l'homme, la plus haute conception qui soit sortie de l'esprit humain, et qui place le génie français au-dessus de tous les dieux...

» Ah ! si la future paix était l'œuvre de l'Espagne comme elle va être celle de la France victorieuse, le peuple espagnol imposerait l'esprit français, rendant intangibles les Droits de l'homme, et, à cet effet, formerait une fédération de nations disposées à écraser celle qui violerait ces droits, afin d'éviter à jamais des actes comme celui de l'Allemagne en Belgique.

» Je ne veux pas terminer sans vous féliciter pour le grandiose spectacle d'héroïsme et de sacrifice que la France offre au monde, et pour le triomphe qui vous est assuré.

» Pour finir, je vous envoie l'expression de ma gratitude patriotique pour votre savante et généreuse initiative en vue de rapprocher deux

---

1. « *Ya se que a una señorita, y menos a mi edad de catorce años, no le cuadra mucho pedir esas cosas, que parecen mas bien para caballeros, pero es tanto mi interes y mi animo a fabor de vuestros compatriotas (aliados) que siempre busco los episodios donde puedo encontrar sus glorias y sus valentias y las injusticias de los Alemanes.* »

2. Il s'agit d'un manifeste, écrit en français, où l'auteur attaque avec une vive éloquence l'esprit et l'action des Allemands, et en signale les dangers.

nations qui, bien que séparées matériellement par les Pyrénées, sont unies moralement par le culte commun que nos aïeux immortels ont consacré au Droit en dictant la merveilleuse Déclaration issue du génie français, libérateur du monde [1]. »

A la bonne heure! Voilà, avec sa noble ardeur, le vrai sang espagnol qui bouillonne. Il flotte à la surface un peu d'écume ; qu'importe? si elle entraîne et enthousiasme comme la mousse de notre champagne? Voilà un accent digne de l'Espagne que nous aimons, et quelle joie de voir que c'est l'accent de l'Espagne qui nous aime! Peu s'en faut que notre ami ne s'écrie, comme l'a fait un autre : « La France est mon idole! *Francia es mi idola!* » et ce cri, venu du cœur, nous frappe au cœur !

Si d'ailleurs les louanges données à notre glorieuse et héroïque patrie, si l'exaltation en faveur de la Justice, du Droit et de la Vérité, — ces trois mots sont notre force et il faut qu'ils sonnent haut et souvent, — si ces pensées vraiment humaines sont désormais banales, si elles sont sur les lèvres de tous les hommes dignes de ce nom, l'expression chez nos amis d'Espagne en est toujours si chaleureuse et si pure que c'est un plaisir pour nous de l'opposer à la prose inqualifiable inspirée par nos ennemis. Que l'on compare les effets de la Kultur et ceux de la civilisation!

Si donc cet article, dans son premier chapitre, est un acte de juste polémique, il est, dans le second, un acte de juste reconnaissance.

Pierre PARIS.

1. « *Crea bien que el alma popular española esta totalmente al lado de los aliados. Una prueba : en Valencia han tomado la iniciativa para reimprimir mi manifiesto, quien ? Tres mujeres que han ido de casa en casa recogiendo centimos para contener la tirada. Los Alemanes derrochan el oro en comprar periodicos y publicar empresos para atraerse opinion, aqui el pueblo da su dinero y su alma por la causa de los aliados que es la del Derecho. La España liberal es mas francesa que Francia en pasion por los principios revolucionarios que constituyen el honor y la gloria de vuestra nacion. ....Es que tienen Ustedes colocada en el lugar de honor de sus escuelas la Declaracion de Derechos, creacion la mas alta que ha salido del espiritu humano y que coloca al genio frances por encima de todos los dioses. ... Ah! y si la futura paz fuese obra de España como lo va a ser de Francia victoriosa, el pueblo español impondria el espiritu frances haciendo intangibles los Derechos del Hombre, a cuyo efecto formaria una federacion de naciones dispuestas a aplastar a la que violase esos derechos a fin de evitar mas el caso de Alemania en Belgica.....*

» No he de terminar sin felicitarle por el grandioso espectaculo de heroismo y de sacrificio que esta ofreciendo Francia al mundo y por el triunfo que tienen Ustedes asegurado. ..... Le envio finalmente la expresion de mi gratitud patriotica por su sabia y generosa invitacion para acercar las dos naciones que si separadas por el Pireneo materialmente estan unidas por el culto comun del Derecho que nuestros padres inmortales promulgaron al dictar su maravillosa Declaracion, brotada del genio frances libertador del mundo. »

Bordeaux. — Imprimeries Gounouilhou, rue Guiraude, 9-11.

ована
Annales de la Faculté des Lettres de Bordeaux

FONDÉES EN 1879 PAR MM. LOUIS LIARD ET AUGUSTE COUAT

Directeur : M. Georges RADET

QUATRIÈME SÉRIE

PUBLIÉE PAR

Les Professeurs des Facultés des Lettres d'Aix-Marseille, Bordeaux, Montpellier, Toulouse

ET SUBVENTIONNÉE PAR

LE MINISTÈRE DE L'INSTRUCTION PUBLIQUE
LE CONSEIL MUNICIPAL DE BORDEAUX
LA SOCIÉTÉ DES AMIS DE L'UNIVERSITÉ DE BORDEAUX
LE CONSEIL DE L'UNIVERSITÉ DE BORDEAUX
LE CONSEIL DE L'UNIVERSITÉ DE MONTPELLIER
LE CONSEIL DE L'UNIVERSITÉ DE TOULOUSE
LE COLLÈGE DE FRANCE (FONDS PEYRAT, ANTIQUITÉS NATIONALES)

Prix de l'abonnement à chacune des trois sections du recueil

I. REVUE DES ÉTUDES ANCIENNES

France . . . . F. 10 » | Union postale . . . . . F. 12 »

II. BULLETIN HISPANIQUE

France et Espagne . . . F. 10 » | Union postale . . . . . F. 12 »

III. BULLETIN ITALIEN

France et Italie . . . . F. 10 » | Union postale . . . . . F. 12 »

Les prix ci-dessus indiqués ne s'entendent que de l'année courante et à la condition que les demandes d'abonnement parviennent aux éditeurs Feret et fils avant le 1ᵉʳ mars. Passé cette date, le prix est majoré de 2 francs pour la France et de 3 francs pour l'Espagne, l'Italie et le reste de l'Union postale. Pour les années écoulées, le prix, suivant le plus ou moins de rareté du volume varie entre 12 et 25 francs. Certaines années sont complètement épuisées.

Il n'est vendu de numéros isolés que dans la mesure des excédents. Quand un fascicule est demandé, non pour compléter une collection, mais pour se procurer un article, l'éditeur peut fournir un tirage à part.

Toute réclamation relative à une livraison non parvenue doit être faite au plus tard lors de la réception du fascicule suivant.

Le montant des abonnements, les demandes de numéros ou de tirages à part, les réclamations pour manques doivent être adressés à :

MM. FERET et FILS, éditeurs, rue de Grassi, 9, Bordeaux.

Bordeaux. — Impr. GOUNOUILHOU, rue Guiraude, 9-11.

www.ingramcontent.com/pod-product-compliance
Lightning Source LLC
LaVergne TN
LVHW011455180726
843503LV00009BA/4128